STEPHAN SIGG
ANNA-KATHARINA STAHL

LENAS supercooles KLIMA-RETTER-MITMACH-BUCH

amino.

1. Auflage 2022
Ein camino.-Buch aus der

Illustration und Gesamtgestaltung: Anna-Katharina Stahl, Stuttgart
Hersteller gemäß ProdSG:
Druck und Bindung: Finidr s.r.o., Lípová 1965, 737 01 Český Těšín, Czech Republic
Verlag: Verlag Katholisches Bibelwerk GmbH, Silberburgstraße 121, 70176 Stuttgart

www.bibelwerkverlag.de
ISBN 978-3-96157-118 - 5

Inhalt

Hallo, wir brauchen deine Unterstützung!

Du willst etwas für die Natur, für die Wälder, für die Wiesen, und die Tiere unternehmen? In diesem Buch zeigt dir Lena viele Tipps und Tricks zum Ausprobieren.

Jede und jeder von uns kann dazu beitragen, dass unsere Umwelt nicht noch mehr verschmutzt und zerstört wird. Egal ob zuhause, in der Schule, beim Einkaufen oder draußen ... oft kannst du schon mit kleinen Schritten etwas bewirken. Und wenn du dich mit deinen Geschwistern, Eltern, Freunden, deiner Schulklasse usw. zusammentust, sind es gleich schon viele mehr. Ihr könnt euch gegenseitig motivieren und unterstützen. Bestimmt findet ihr in diesem Buch auch eine Menge Ideen, die ihr gleich gemeinsam ausprobieren könnt.

Viel Spaß beim Klimaretten!

Gemeinsam gegen den KLIMAWANDEL

Autos und große Fabriken verpesten die Luft. Tonnenweise Lebensmittel werden weggeschmissen – und das jeden Tag. Immer mehr Plastik verschmutzt die Meere und bedroht die Wale und Fische. Das führt alles dazu, dass die Temperaturen auf unserer Welt steigen.

20 Grad im Januar? Wer es gerne warm hat, findet diese Vorstellung gar nicht so schlecht … Aber wenn die Temperaturen steigen, wird es auch im Sommer immer heißer – vielleicht sogar vierzig Grad warm. Wer findet das schon angenehm? Da kann man sich ja kaum noch konzentrieren.

KLIMAWANDEL – was ist das?

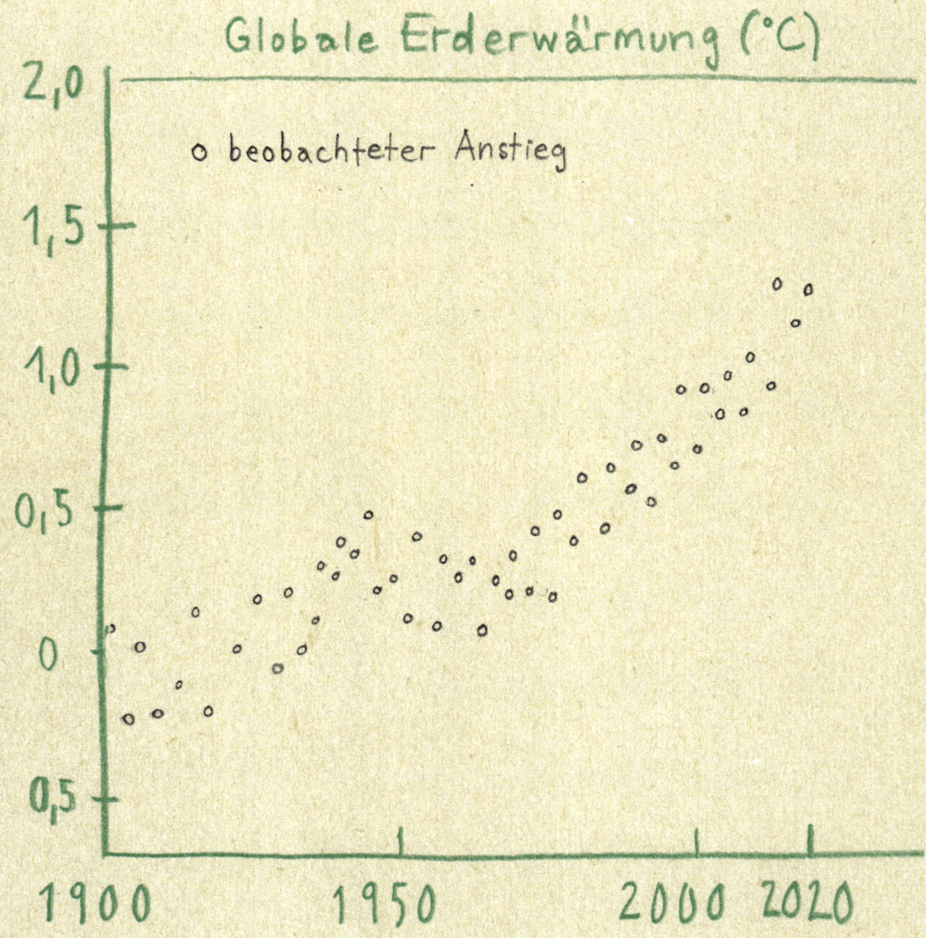

Willst du sehen, wie sich die Temperaturen in den letzten 100 Jahren entwickelt haben?

Dann verbinde alle Punkte in der Grafik.

Die Temperaturen auf unserer Welt steigen.

Es wird immer wärmer. Das bedeutet nicht, dass es jetzt ständig über 30 Grad warm ist oder es gar keinen Schnee mehr gibt. Bestimmt hast du das selber schon beobachtet: Das Wetter ist jedes Jahr anders. In einem Jahr regnet es häufiger, in einem anderen scheint die Sonne viel öfter, mal ist es wärmer, mal ist es kälter. Auch vor 100 Jahren hat es in manchen Wintern viel geschneit und in manchen wenig. Das ist heute genauso so: Mal liegt ganz viel Schnee und mal musst du total lange warten, bis es wenigstens ein bisschen schneit. Aber wegen des Klimawandels wird insgesamt die Schneemenge weniger. Wenn du zum Beispiel auf zehn oder fünfzig Jahre zurückschaust, siehst du: Die durchschnittliche Menge an Schnee hat abgenommen und nimmt immer mehr ab.

Mehrere Ursachen sind dafür verantwortlich, dass die Temperaturen steigen. Für diese Ursachen sind die Menschen und ihre Lebensweise verantwortlich. Die wichtigsten:

* **Treibhausgas:** Es ist immer mehr Treibhausgas in der Luft. Dieses erwärmt die Welt und die Atmosphäre, die die Welt schützt.
* **Rodung der Wälder:** Immer mehr Wälder werden abgeholzt, weil die Menschen immer mehr Holz benötigen – oder Platz für Ackerland schaffen wollen. Bäume sind aber wichtig fürs Klima, denn sie können das Abgas CO_2 in Sauerstoff umwandeln. Sie machen also unsere Luft sauber.
* **Die Gletscher und das Eis in der Antarktis schmelzen:** Logisch, sie sind eigentlich keine Ursachen – sie schmelzen, weil es immer wärmer wird. Aber Gletscher und die Antarktis sind wie Kühlschränke für die Welt: Sie sorgen für Kühle. Wenn die Gletscher verschwinden, dann verschwinden diese „Kühlschränke“ und es wird noch wärmer …

Der Klimawandel beschäftigt inzwischen viele Menschen auf der ganzen Welt. Immer mehr versuchen, etwas dagegen zu unternehmen. Du kannst mitmachen – zuhause, beim Umgang mit den Lebensmitteln, bei der Wahl deiner Klamotten, in der Schule, aber auch unterwegs …

UNTERWEGS

Wohin und wie bist du jeden Tag UNTERWEGS?

Oma /Opa

Freunde

Schule

Zeichne die Wege
und schreibe hin,
womit du dorthin
unterwegs bist.

Bücherei

Hallenbad

Autos, Busse, Liefer- und Lastwagen benötigen Benzin. Die Motoren verbrennen das Benzin. Dadurch entsteht das Abgas Kohlenstoffdioxid (CO_2). Dieses Abgas macht die Luft kaputt. Es führt auch dazu, dass es auf unserer Erde immer wärmer wird. Inzwischen gibt es immer mehr Elektro-Autos – die fahren nicht mit Benzin, sondern mit einer Batterie, die man aufladen kann. Das ist zwar für die Umwelt viel besser, aber auch die Herstellung von E-Autos und Batterien belastet die Umwelt.

Man kann die Umwelt schonen, wenn man das Auto möglichst oft stehen lässt – oder „Fahrgemeinschaften" bildet:

Warum muss jedes Kind von seinen Eltern gefahren werden? Ihr könnt andere fragen, ob sie euch mitnehmen. So sitzen mehr Menschen in einem Auto und es gibt weniger Autos auf der Straße.

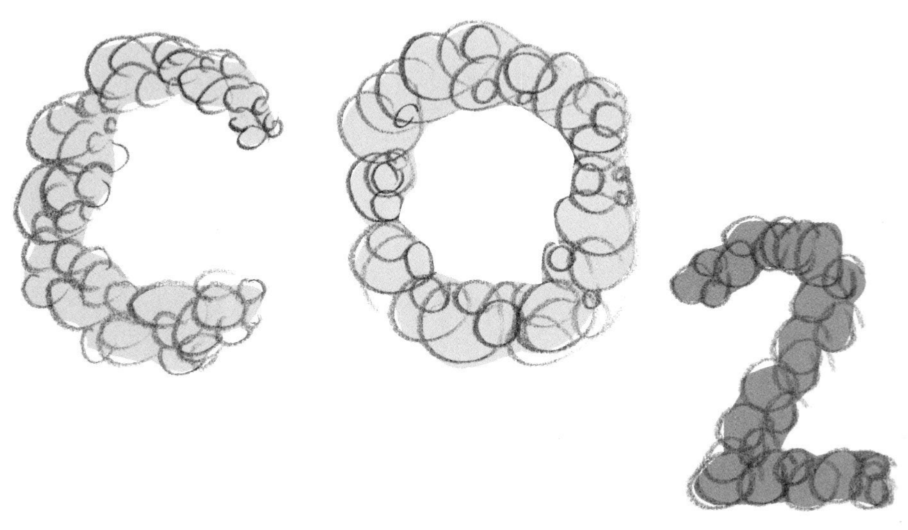

Mein Fahrrad ist schon uralt, aber ich habe etwas total Cooles daraus gemacht: Mein Fahrrad ist ein Original! Ich habe es in meiner Lieblingsfarbe lackiert. Beim Trödler haben wir einen alten Korb gefunden. Den haben wir gelb angemalt und dann am Fahrrad montiert. Sieht witzig aus und ich kann jetzt auch immer Snacks transportieren! Und im Sommer binde ich Blumen an den Korb.

Wenn du täglich fünf Kilometer fährst, verursachst du im Jahr:
Mit dem Fahrrad = 0 kg Abgase (CO_2)
Mit dem Auto = 250 kg Abgase (CO_2)

«Ihr könnt euch am Sonntag nicht auf ein Ziel einigen? Lasst einfach den Würfel entscheiden, wohin es geht! Wer als nächster Geburtstag hat, darf würfeln ...»

OMA/OPA

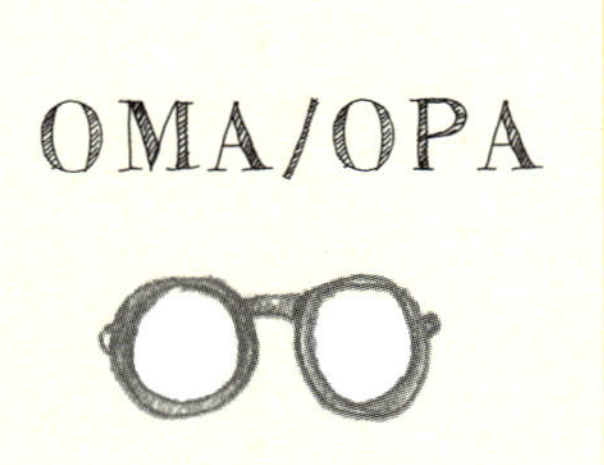

STREICHEL-
ZOO

Ihr habt ganz andere Ziele im Kopf?
Ihr könnt natürlich auch einen Würfel mit euren eigenen Beispielen basteln

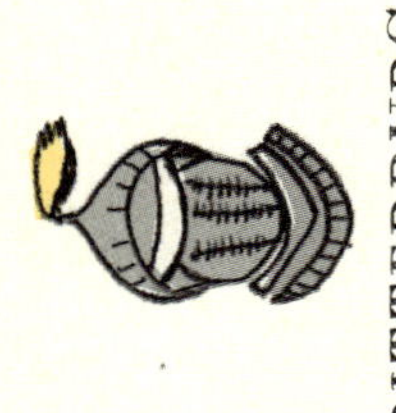

RITTERBURG

BAUERNHOF

EISDIELE

FLUSS

Wenn du bei jedem Ausflug eine wiederverwendbare Trinkflasche aus Glas, Edelstahl oder Alu mitnimmst, müsst ihr unterwegs keine kaufen – und ihr vermeidet damit Müll.

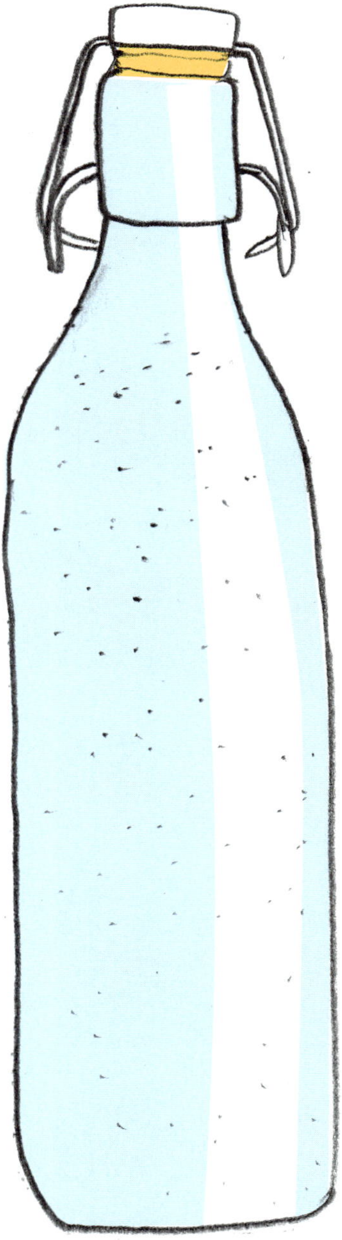

Kirsche, Orange, Heidelbeere ... Mit welchem Getränk füllst du deine Flasche am liebsten? Zeichne es in die Flasche – ihr könnt auch eure Lieblingsgetränke mischen ☺

Unterwegs mit der BAHN

… nicht nur mit dem Fahrrad, auch mit Bus und Bahn gelangt weniger Schmutz in die Luft als wenn ihr mit dem Auto unterwegs seid.

Was möchtest du während einer Reise mit der Bahn mal machen?

- [ ] ein Hörspiel anhören
- [ ] die anderen Fahrgäste beobachten
- [ ] mit anderen Fahrgästen ein Spiel spielen
- [ ] schlafen
- [ ] zeichnen
- [ ] aus dem Fenster schauen
- [ ] mir eine Geschichte ausdenken

DRAUSSEN

AUSSEN

DRAUSSEN

DRAUS

WALD-Ausflug

* Rehe füttern
* Still sein und die Tiere belauschen
* Abfall liegen lassen
* Auf die Bäume klettern
* Selfies machen
* Deinen Namen in den Baumstamm ritzen
* Ein Feuer machen
* Den Baum umarmen
* Verstecken spielen
* sich Eichhörnchen an die Fersen heften
* Vogelstimmen nachahmen

Tiere im Wald füttern?

Keine gute Idee. Auch im Winter nicht. Die meisten Tiere im Wald legen im Sommer Futtervorräte für den Winter an. Manche reduzieren auch ihren Kalorienverbrauch. Wenn sie gefüttert werden, sorgt das nur für eine falsche Ernährung.

Dein Name in einer Baumrinde?

Das sieht zwar cool aus, aber das ist für den Baum ähnlich wie mit einer Wunde in unserer Haut: Durch die Verletzung können Keime eindringen, die den Baum krank machen.

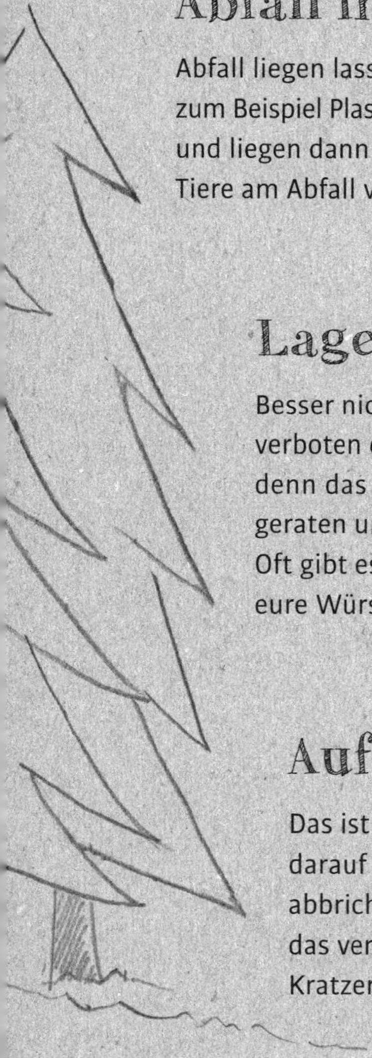

Abfall im Wald liegen lassen?

Abfall liegen lassen ist natürlich keine gute Idee. Viele Abfälle wie zum Beispiel Plastik können von der Natur nicht abgebaut werden und liegen dann ewig im Wald rum. Außerdem könnten sich auch Tiere am Abfall verletzen.

Lagerfeuer im Wald?

Besser nicht, besonders nicht im Sommer. Es ist sogar verboten einfach so im Wald ein Feuer zu machen, denn das Lagerfeuer könnte schnell außer Kontrolle geraten und dann brennt der ganze Wald …
Oft gibt es aber Picknick-Plätze mit Feuerstellen, wo ihr eure Würste und Marshmallows grillen könnt.

Auf Bäume klettern?

Das ist eigentlich kein Problem. Aber du solltest darauf achten, dass du beim Klettern keine Äste abbrichst oder Blätter ausreißt, denn das verletzt den Baum. Das ist wie ein Kratzer für den Baum …

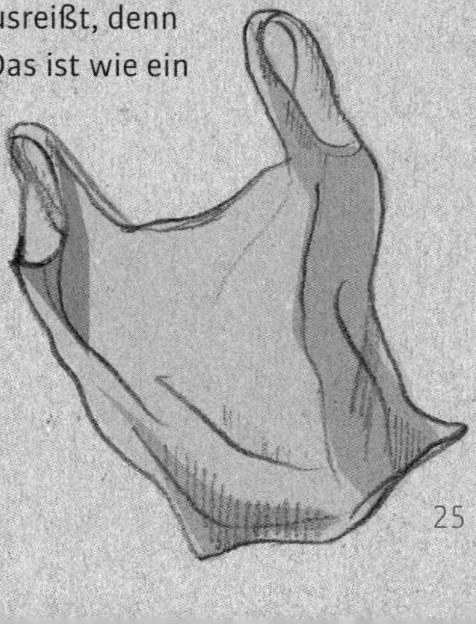

Willkommen im INSEKTEN-HOTEL!

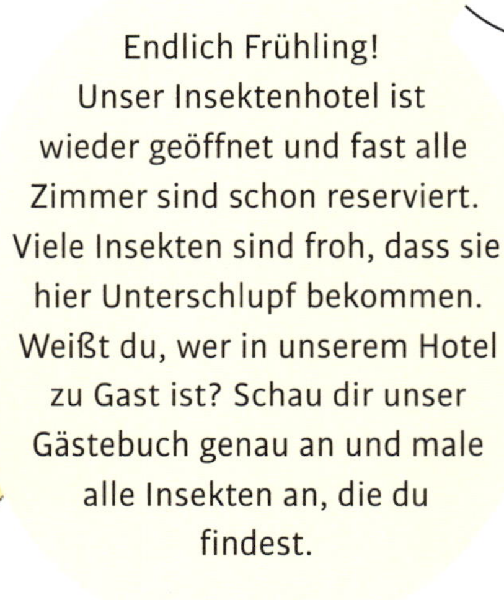

Endlich Frühling!
Unser Insektenhotel ist wieder geöffnet und fast alle Zimmer sind schon reserviert. Viele Insekten sind froh, dass sie hier Unterschlupf bekommen. Weißt du, wer in unserem Hotel zu Gast ist? Schau dir unser Gästebuch genau an und male alle Insekten an, die du findest.

ZUMLÖÖWILDBIENE MHUMMELMIR
LÖWMARIENKÄF ERMUMILIO
ASCHMETTERLIN GELI WESPE
MUNIFLORFLIE GEKIMOPLASS

Was bewirken Insektenhotels –
welche Antwort stimmt?

Weniger Insekten in «echten» Hotels und in der Wohnung

Schutz für Insekten: Sie leisten einen wichtigen Beitrag für die Umwelt. Ohne Insekten keine Blumen.

Die Insekten streiten weniger miteinander, weil sie mehr Platz haben.

IHR KÖNNT SELBER EIN INSEKTENHOTEL BAUEN:

Ihr benötigt dafür einfach drei bis vier kleine Bretter. Ihr könnt auch eine alte Obstkiste nehmen, in die ihr mit Brettern mehrere Etagen einbaut. Als Zimmer könnt ihr alte Blechbüchsen oder Eierkartons verwenden – am besten legt ihr diese mit Stroh aus. Damit die Insekten euer Hotel gleich sehen, könnt ihr ein Schild darüber hängen. Aber bitte vorher schön farbig ausmalen!

LÖSUNG S.27: Bienen, Schmetterlinge und Käufer bestäuben die Pflanzen. Sie sorgen dafür, dass Blumen blühen, aber auch Obst udn Gemüse wachsen. Es gibt übrigens 30 Millionen Insekten-Arten auf der Welt!

So viel Beton. Das sieht nicht schön aus!

Mal die Pflanze bunt an. Du kannst auch noch weitere Blumen, Bäume und Sträucher hinmalen.

Werden in deinem Dorf, in deiner Stadt ständig neue Häuser und Parkplätze gebaut? Überall gibt es immer mehr Häuser und betonierte Flächen.
Das Wasser hat immer größere Mühe, im Boden zu versickern. Wenn es heftig regnet, kann das schnell zu Überschwemmungen führen.
Wenn überall Beton ist, finden auch die Bienen, Schmetterlinge und andere Insekten keinen Unterschlupf mehr:

Es verschwinden immer mehr Grünflächen, wo sie sich niederlassen und ihre Nistplätze einrichten können. Deshalb gibt es auch immer weniger Bienen auf unserer Welt.

Wie viele Grünflächen kannst du bei euch in der Umgebung entdecken? Macht einen Spaziergang und zählt alle Wiesen, Felder, Gärten ...

REGENTROPFEN sammeln

Jeder Regentropfen ist kostbar – gerade im Sommer, wenn es lange trocken ist. Wenn es regnet, fallen ganz viele auf die Erde – und versickern im Boden.

Wie viele Regentropfen passen in dieses Fass? Versuch, die richtige Zahl zu schätzen.

Ihr könnt draußen ein Regenfass aus Holz aufstellen – wenn ihr nicht viel Platz habt, könnt ihr auch verschiedene kleine offene Behälter platzieren. Dann könnt ihr mit diesem Wasser die Pflanzen gießen und müsst nicht Leitungswasser in die Gießkannen füllen! Regenwasser ist für Blumen, Bäumen und Sträucher übrigens viel gesünder als Wasser aus der Leitung. Denn Regenwasser ist weich und enthält keinen Kalk. Bei „hartem" Wasser können die Pflanzen keine Nährstoffe aufnehmen. Im Leitungswasser ist oft zu viel Kalk.

ZUHAUSE

HAUS
ZUHAUSE

WINTERURLAUB für das T-Shirt

sehr warm

warm

mittel

kühl

eiskalt

LÖSUNG S.30: In diesem Regenfass siehst du 190 Regentropfen. In große Regenfässer für den Garten passen sogar über 7.000.000 Regentropfen!

WIE WARM IST ES IN EURER WOHNUNG?

Trag es in das Thermometer ein.

* 22 Grad?
* 21 Grad?
* Oder nur 19 Grad?

Wie oft trägst du welches Kleidungsstück im Winter bei dir zuhause?

	nie	ab und zu	oft	ständig
T-SHIRT	☐	☐	☐	☐
PULLOVER	☐	☐	☐	☐
SCHAL	☐	☐	☐	☐
MÜTZE	☐	☐	☐	☐
SHORTS	☐	☐	☐	☐

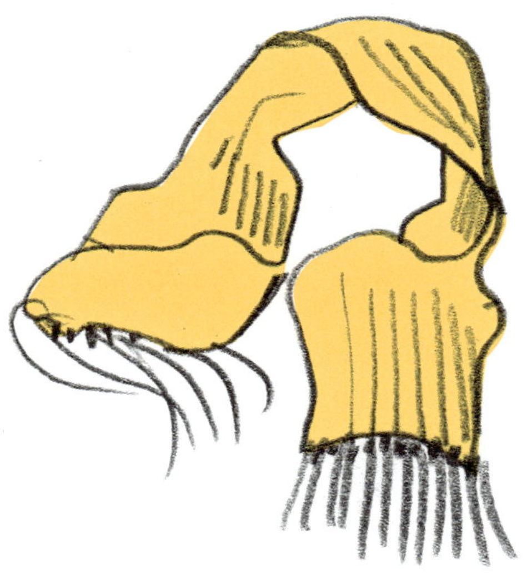

Egal wie kalt es draußen ist, manche tragen selbst im Winter nur T-Shirts – die Räume sind eh überall so gut geheizt. Doch unsere Heizungen wirken sich auf die Umwelt aus. Wenn ihr bei euch zuhause die Raumtemperatur um nur ein Grad senkt, könnt ihr im Jahr 350 Kilogramm CO_2 sparen. **Senkt man die Temperatur in der Nacht in der Wohnung auf 15 bis 16 Grad, spart ihr noch einmal knapp 300 Kilogramm CO_2.** Also besser einfach an kalten Tagen einen dicken Pullover anziehen. Ist sowieso viel gemütlicher, oder?

Viele lassen ihre Geräte im Standby-Modus laufen – das ist praktisch: Man kann sie schneller und oft mit einer Fernbedienung einschalten. Dafür frisst das viel Strom. Wer Geräte ganz ausschaltet anstatt sie nur im Standby-Modus laufen zu lassen, **spart im Jahr jede Menge Energie**!

So viele Geräte sind
bei uns eingesteckt:

So viele sind im
Standby-Modus*:

* meistens leuchtet bei diesen Geräten ein kleines rotes Licht.

Handy, Licht und Herd funktionieren nicht ohne Strom. Bisher wurde Strom vor allem aus Kohle, Erdöl und Erdgas produziert – diese verursachen eine Menge Kohlenstoffdioxid, zudem sind die Vorräte an Kohle und Erdöl auf unserer Welt begrenzt. Inzwischen kann Strom auf anderem Weg hergestellt werden. Weißt du, wie man aus folgenden Beispielen Energie produziert?

Woher kommt der STROM?

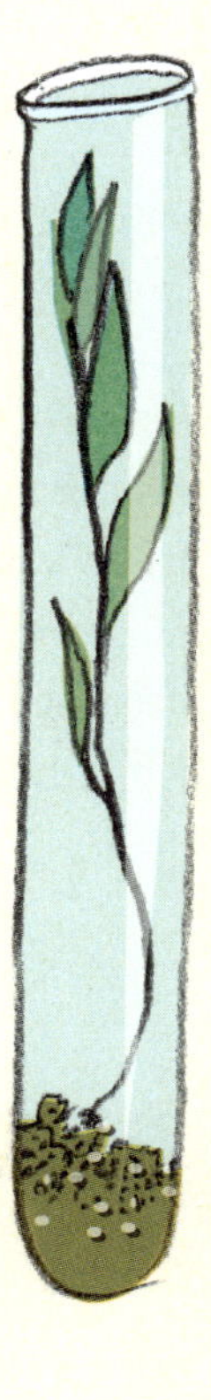

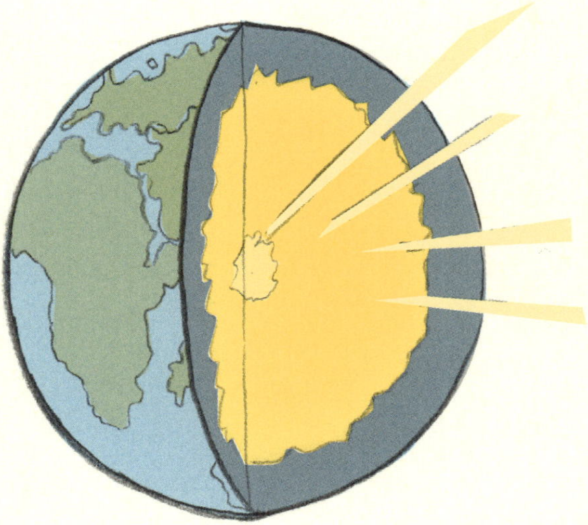

Solarenergie: Auf Dächern, aber auch auf immer mehr Wänden werden Solarpanels eingebaut. Die Sonne strahlt darauf und erzeugt Wärme, die in Energie umgewandelt wird. Funktioniert leider nur, wenn die Sonne scheint!

Windenergie: Der Wind fährt in die Windräder und bringt diese zum Drehen. Natürlich können die Windräder nur dort aufgestellt werden, wo es auch viel Wind gibt. Der Nachteil: Die Windräder können für manche Vögel gefährlich werden.

Wasserkraft: Das Wasser, das die Flüsse hinunterfließt, setzt ein Schaufelrad in Bewegung. Dadurch entsteht Energie. Diese Energie wird durch einen Generator in Strom umgewandelt.

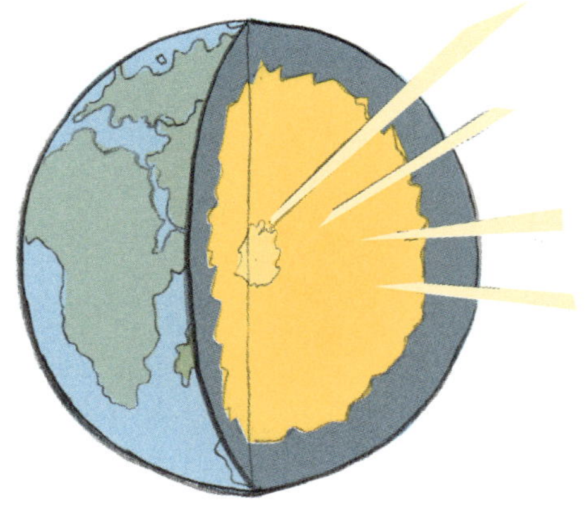

Erdwärme: In unserem Boden ist es warm. Deshalb wird an immer mehr Orten ganz tief in die Erde gebohrt und die Wärme nach oben geleitet. Damit können zum Beispiel Häuser beheizt werden.

Biomasse:

Auch aus Pflanzen kann Energie erzeugt werden. Ganz schön praktisch, denn Pflanzen wachsen immer wieder nach. Für die Energiegewinnung verwendet man Pflanzen-Abfälle oder man baut extra Pflanzen dafür an, was aber ziemlich viel Platz braucht.

Strom aus diesen Quellen zu nutzen, ist umweltfreundlicher. Aber auch hier ist es am besten, möglichst wenig Strom zu verbrauchen.

Wie gut verstehst du dich mit euren Nachbarinnen und Nachbarn? Wie viel Kontakt habt ihr miteinander? Bei uns im Haus teilen wir viele Dinge miteinander. Manchmal klingelt ein Nachbar bei uns und fragt, ob er unsere Bohrmaschine ausleihen kann. Liegen bei euch zuhause Dinge rum, die ihr fast nie benötigt? Wenn du sie anderen leihst, müssen sie diese nicht extra kaufen. Und das spart auch viel Platz: Viel weniger Kram in den Schränken, im Keller oder in der Garage.

TEILEN

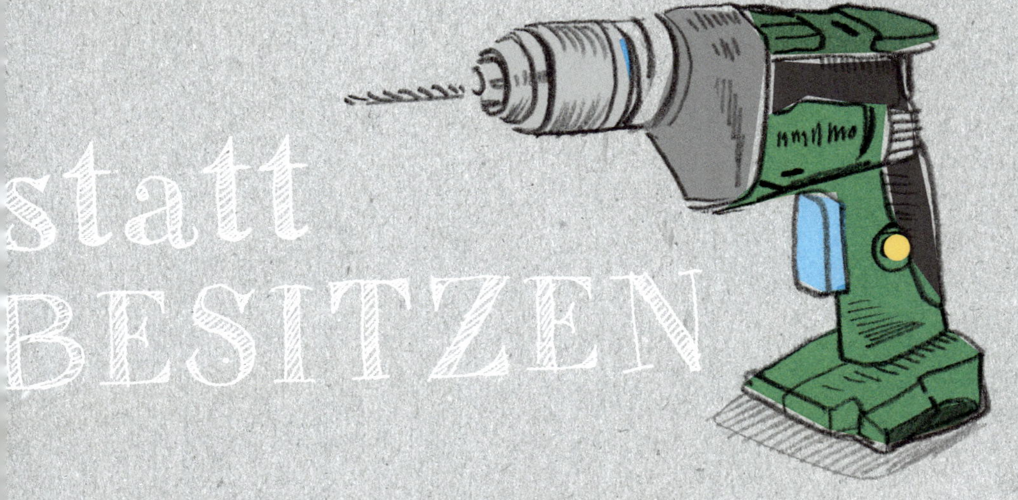
statt
BESITZEN

Schau bei euch nach: Welche Geräte habt ihr in diesem Jahr noch fast nie gebraucht?

Nimm drei Farbstifte und umkreise alle Beispiele mit der richtigen Farbe.
Rot = nie; Gelb = ab und zu; Grün = sehr oft

BIBLIOTHEK der Dinge

Wie oft leihst du Bücher aus? Warum soll das auch nicht mit anderen Dingen möglich sein? Inzwischen gibt es tatsächlich schon an einigen Orten „Bibliotheken der Dinge“. Hier kann man z. B. Rasenmäher oder eine Luftmatratze ausleihen. Gibt es so eine auch schon bei euch in der Umgebung? Was würdest du gerne mal ausleihen?

WASSER retten

Wie können wir Wasser sparen?

Während dem Zähneputzen den Wasserhahn zudrehen.

Die Geschirrspülmaschine nur laufen lassen, wenn sie wirklich voll ist.

Und du?

Wie viel Wasser verbrauchst du jeden Tag?

Beim Zähneputzen? Händewaschen? Duschen? Kochen? Abwaschen? So viele Liter Wasser fließen durch die Leitungen.

Wie lange duschst du?

Male die 1-Liter-Flaschen aus.

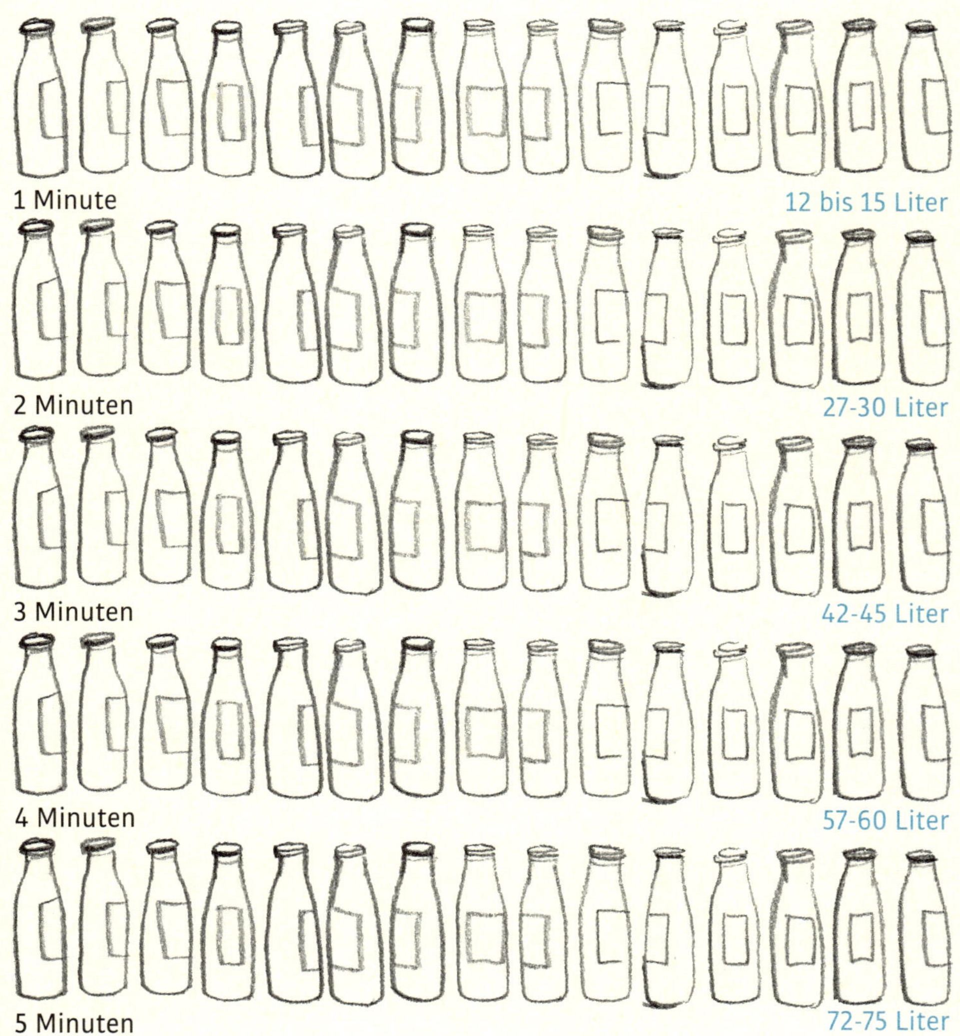

1 Badewanne:

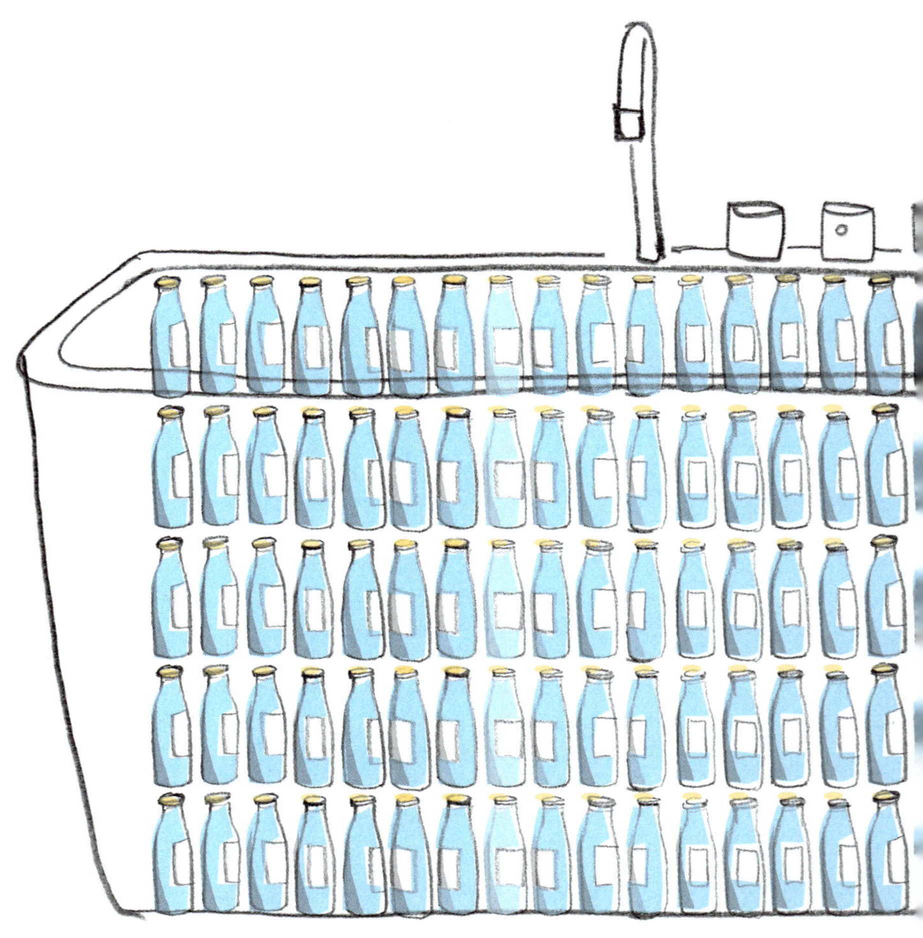

50 bis 180 Liter!

Beim Duschen verbrauchen wir eine Menge Wasser. Wie viel es wirklich ist, hängt aber vom Duschkopf ab. Es gibt nämlich Duschköpfe, die lassen weniger Wasser durch und so wird auch viel weniger Wasser benötigt. Schau doch mal nach, welchen Duschknopf ihr habt. Duschköpfe können ganz einfach ausgetauscht werden, Spar-Duschköpfe kosten nicht viel Geld.

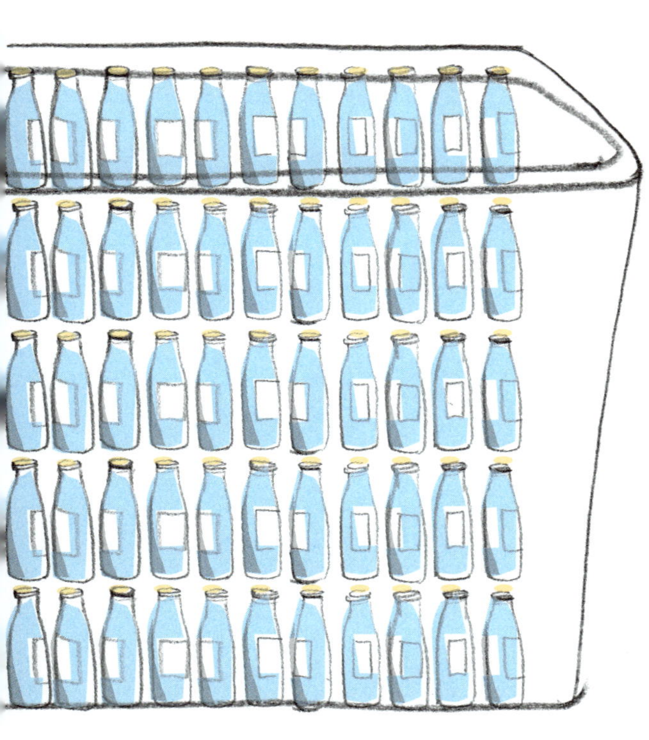

Einmal habe ich den ganzen Müllsack auf den Küchentisch geleert. Ich wollte Mama zeigen, wie viel Müll wir verursachen. Sie war natürlich total sauer. Werde ich deshalb nicht wieder machen. Aber ich denke, der Mülltisch hat sie beeindruckt. Schau einmal in euren Müllsack. Was ist da alles drin? Du kannst den Inhalt in den Müllsack schreiben oder zeichnen.

So viel MÜLL

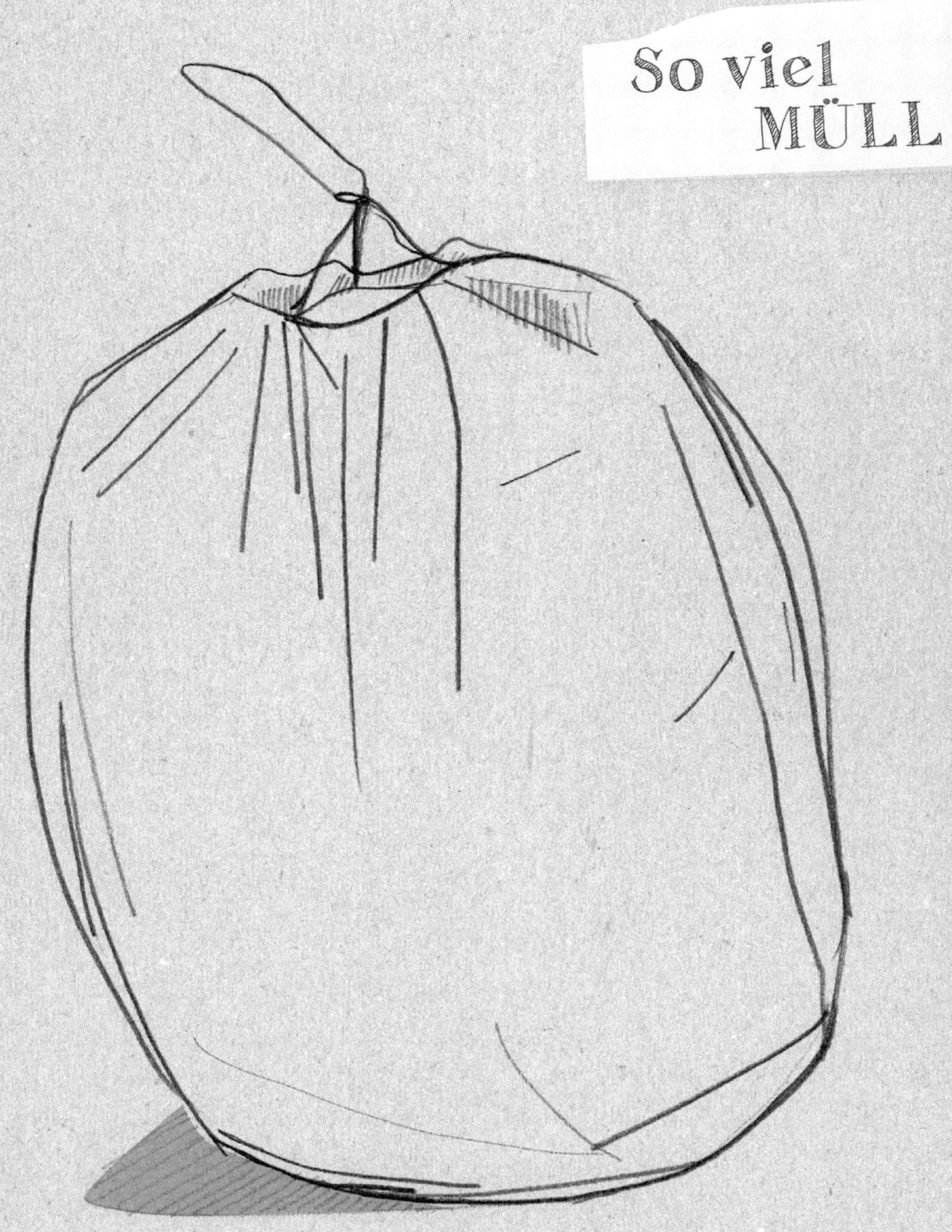

Wie lange dauert es bei euch, bis ein Müllsack voll ist?
Wer weniger Müll verursacht, braucht auch weniger Müllsäcke!

Wie schwer bist du?

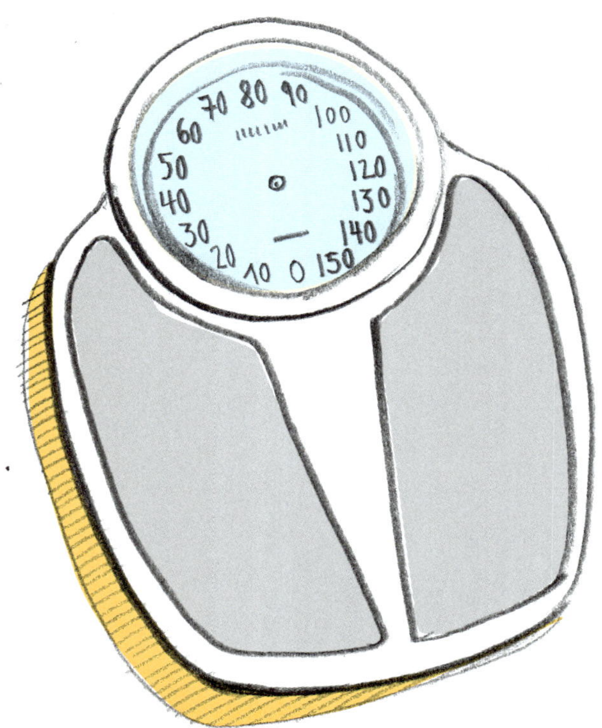

In Deutschland werden jedes Jahr mehr als 13 Millionen Tonnen

Hausmüll

und mehr als 7 Millionen Tonnen

Papier, Pappe und Karton

weggeschmissen.

Wie versuchen andere Menschen, Abfall zu reduzieren oder zu vermeiden?

Frag in deiner Familie, bei den Nachbarn und in der Schule nach:

Welche Idee war dir noch nicht bekannt? Probier sie am besten gleich mit deiner Familie aus!

Wer den Müll richtig trennt, trägt dazu bei, dass ein großer Teil des Abfalls wieder recycelt werden kann. Aus den Abfällen können also neue Dinge entstehen. So landet nur noch ein Teil davon auf der Müllkippe oder muss verbrannt werden. Doch was kommt in welche Tonne?
Beschrifte die Tonnen richtig.

MÜLL trennen

GLAS PAPIER METALL BIO PLASTIK

PAPIERBREI

ECYCLING

CYCL

RECYCLIN

Zeichnest du auch so gerne wie ich? Wer viel zeichnet, braucht eine Menge Papier! Und Mama hat mir verboten, die Wände anzumalen ... Deshalb nutze ich immer beide Seiten: Einfach das Blatt Papier umdrehen und hinten hat gleich noch eine Zeichnung Platz. Ich verwende übrigens besonders gerne Recycling-Papier. Ich schaue es mir immer genau an und überlege mir: Was für ein Papier ist das vorher gewesen? Was ist dort draufgestanden? Vielleicht eine geheime Botschaft! Weißt du schon, wie Papier recycelt wird?

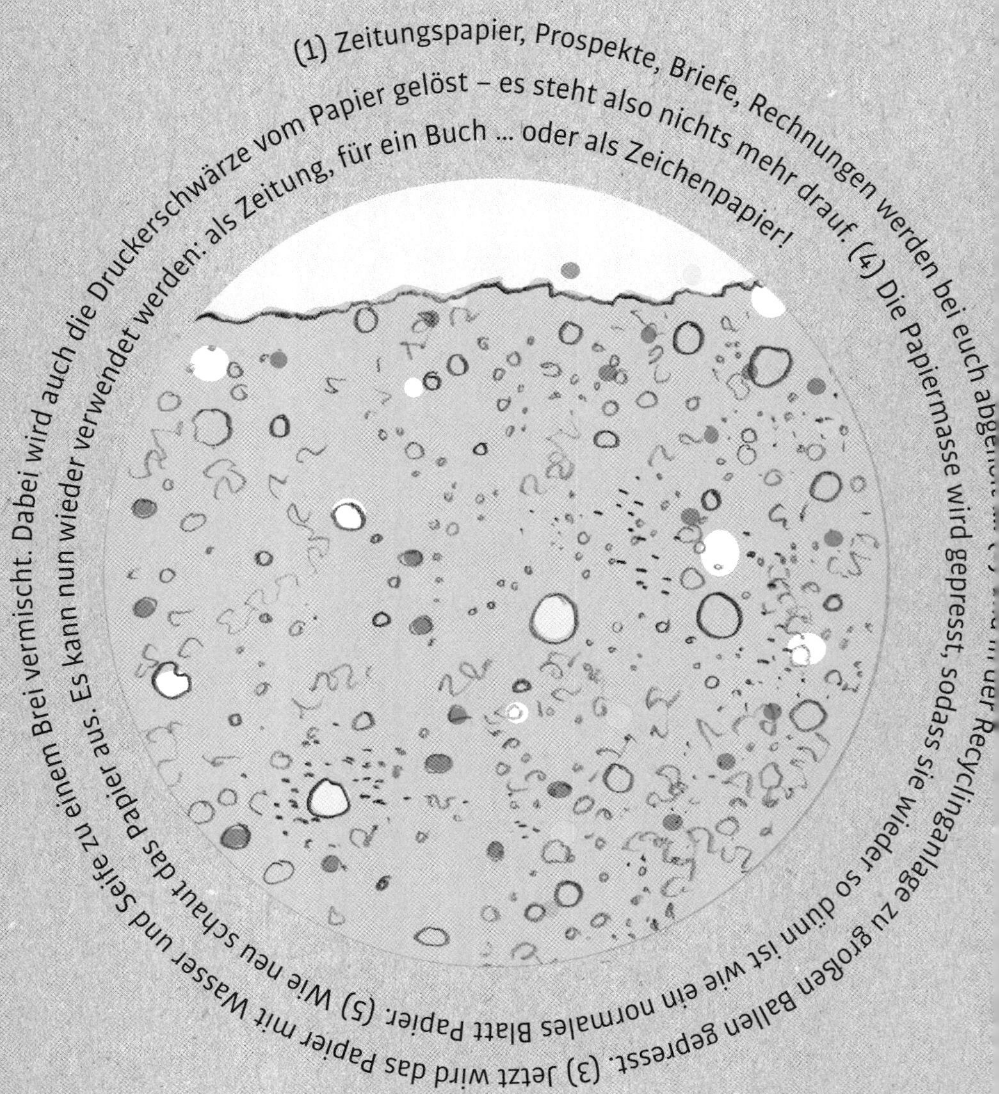

(1) Zeitungspapier, Prospekte, Briefe, Rechnungen werden bei euch abge[…] in der Recyclinganlage zu großen Ballen gepresst. (3) Jetzt wird das Papier mit Wasser und Seife zu einem Brei vermischt. Dabei wird auch die Druckerschwärze vom Papier gelöst – es steht also nichts mehr drauf. (4) Die Papiermasse wird gepresst, sodass sie wieder so dünn ist wie ein normales Blatt Papier. (5) Wie neu schaut das Papier aus. Es kann nun wieder verwendet werden: als Zeitung, für ein Buch … oder als Zeichenpapier!

Ähnlich funktioniert es übrigens mit Glas und Plastik:

Plastikflaschen werden in ganz viele Einzelteile zerkleinert. Daraus kann man dann neue Flaschen herstellen. Aus alten Plastikflaschen lässt sich übrigens auch Stoff herstellen. Aus diesem können dann Klamotten, Schuhe oder Taschen produziert werden. Und das beste: Man sieht ihnen nicht einmal an, dass es ursprünglich Flaschen waren!

Das Glas von alten Flaschen wird eingeschmolzen und dann entstehen daraus neue Flaschen.

KOMPOST

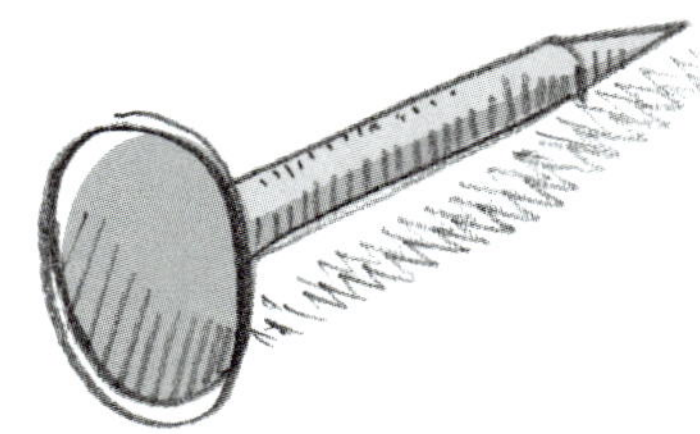

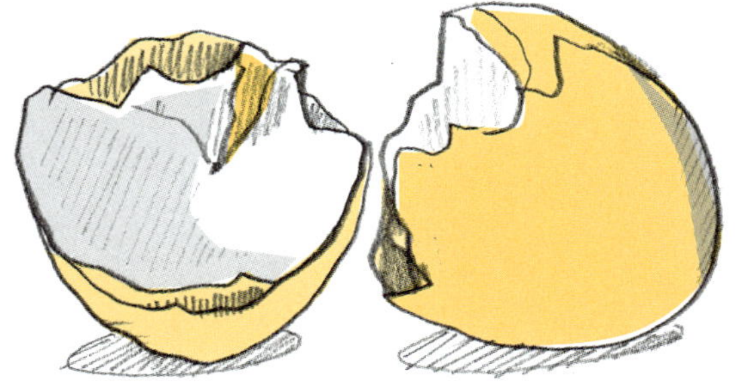

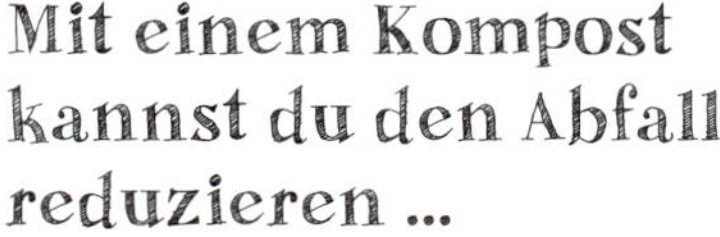

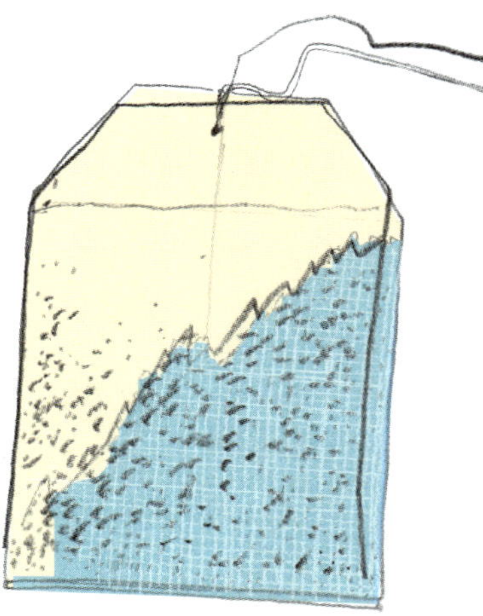

Mit einem Kompost kannst du den Abfall reduzieren …

Kreise alle Beispiele ein,
die du kompostieren kannst:

Was passiert auf dem Kompost?

NACH EIN PAAR TAGEN:
Zuerst legen die Bakterien los und sorgen dafür, dass die Abfälle verrotten. Bei Gemüseabfällen passiert das besonders schnell, andere Materialien wie zum Beispiel Blumenstängel brauchen etwas länger.

NACH EIN PAAR WOCHEN:
Jetzt sind die Würmer und Käfer an der Reihe! Sie sind im Kompost unterwegs und zersetzen die Abfälle. In sechs bis neun Monaten entsteht so dunkler und krümeliger Kompost. Daraus entsteht Erde, die man im Garten oder für das Bepflanzen von Blumentöpfen verwenden kann.

Würmer und Käfer sind große Klima-Helden. Hast du dich schon mal bei ihnen bedankt? Was möchtest du ihnen sagen?

Du hast keinen eigenen Garten oder keinen Platz für einen großen Kompost? Kein Problem!

Du kannst Obst- und Gemüseabfälle auch in einer Wurmkiste kompostieren. Diese Kiste braucht sehr wenig Platz, passt also auf fast jeden Balkon.

Du kannst die Wurmkiste selber bauen. Du kannst aber auch einfach eine fertige Holzkiste, die bei euch zuhause rumsteht verwenden oder eine kaufen.

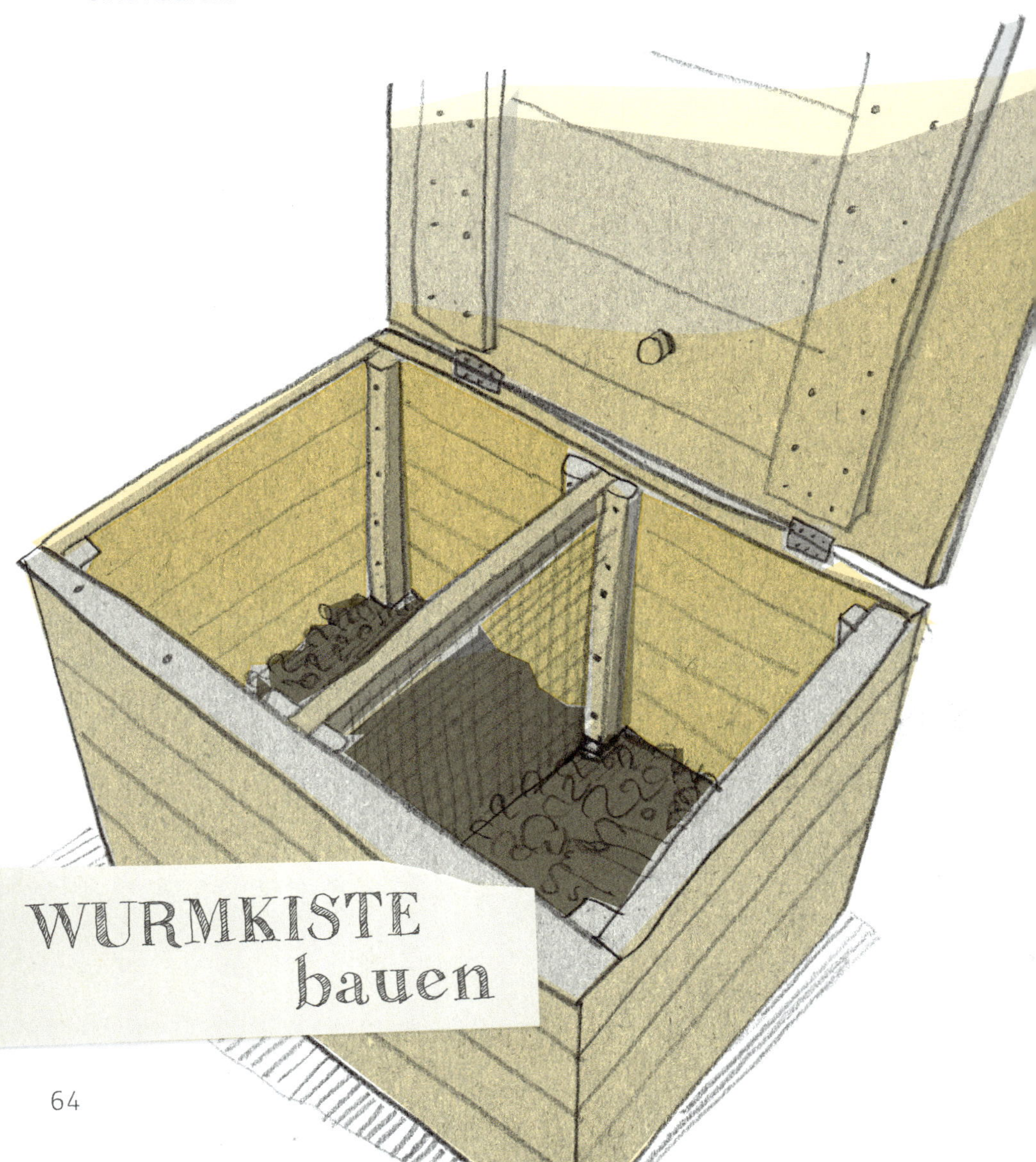

WURMKISTE bauen

So geht es:

Was du für deine Wurmkiste brauchst:

Holzkiste, Drahtgitter, Holzleisten, Schrauben, Zeitungspapier oder Wellpappe, eine kleine Säge, einen Akkuschrauber

1) Befestige in der Mitte der Holzkiste ein Trenngitter. Am besten baust du dafür einen Rahmen aus vier Holzleisten, auf den du dann das Gitter in der passenden Größe tackern kannst.

2) Damit sich die Würmer wohlfühlen, füllst du eine Hälfte der Kiste ein paar Zentimeter hoch mit altem Zeitungspapier oder unbedruckter Wellpappe. Am besten besprühst du diese mit etwas Wasser, denn Würmer mögen es schön feucht. Lege auch noch ein bisschen Gartenerde oder Kompost hinein.

3) Jetzt kannst du Würmer suchen und sie vorsichtig in die Wurmkiste legen. Sie haben ordentlich Hunger: Gib ihnen sofort Küchenabfälle.

4) Nun könnt ihr alle Obst- und Gemüseabfälle in die Kiste leeren, nur gekochte Speisen mögen Würmer nicht. Wichtig: Legt immer alte Zeitungen darüber, damit ihr keine Fruchtfliegen anlockt.

5) Wenn eine Hälfte der Kiste voll ist, könnt ihr auf der andere Seite weitermachen. Die Würmer wandern dann ganz von selbst durch das Gitter auf die Seite mit den frischen Obst- und Gemüseabfällen.

6) Bevor es im Winter richtig kalt wird, musst du die Kiste in den Keller bringen oder an einen anderen Ort, an dem es nicht so kalt ist, denn Würmer mögen die Kälte nicht.

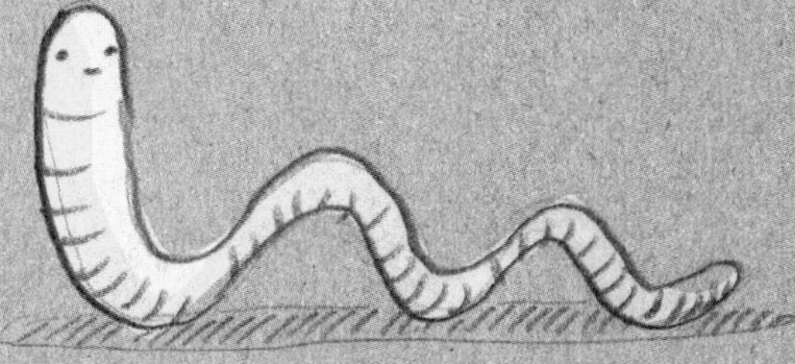

MÜLLSAMMEL-wettbewerb

Viele lassen noch immer den Müll in der Natur liegen. Mach mit deiner Familie, deinen Freunden oder deiner Schulklasse einen Müll-Sammel-Wettbewerb: Sammelt eine halbe oder eine ganze Stunde Müll in einem Park, in einem Wald oder an einem Seeufer ein. Wer schafft es, am meisten einzusammeln?
Und was ist das Schrägste, was ihr eingesammelt habt?

Ihr könnt das natürlich auch regelmäßig machen: einmal im Monat, einmal in jeder Jahreszeit. Oder vielleicht kannst Du mal deine Schulklasse motivieren.

Müll-SAMMEL-KÖNIG:IN
... HAT AM MEISTEN MÜLL GESAMMELT

So viele VERPACKUNGEN

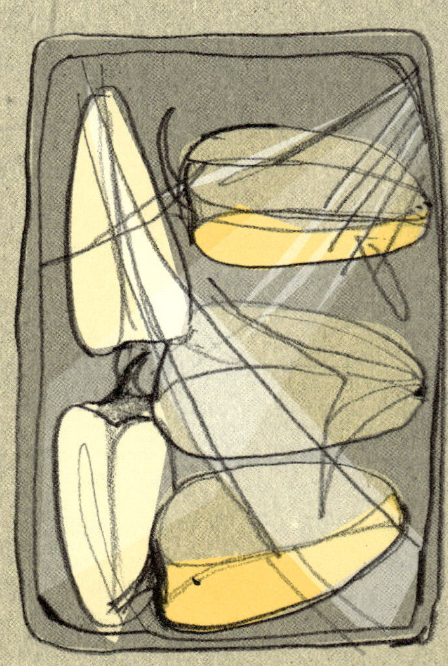

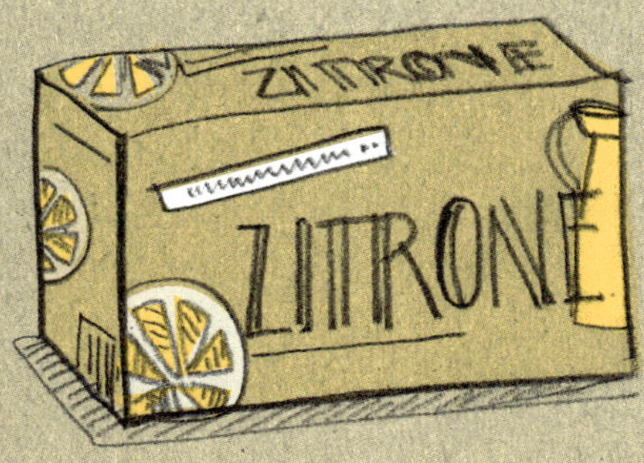

SUPERMARKT-Experiment

... so viele Verpackungen! Und diese landen immer im Müll, manche in der Natur, im Fluss oder irgendwann sogar im Meer. Ist das wirklich notwendig – oder geht es nicht gleich auch ohne Verpackung?
Wenn ihr das nächste Mal in einem Supermarkt einkauft, achte mal darauf, welche Produkte wie eingepackt sind:
Welche sind fast unverpackt?
Welche sind gleich mehrfach verpackt?

Entscheide dich für Produkte, die möglichst wenig verpackt sind.

Bambuszahnbürsten, Bambusfahrräder, Bambusmöbel …

immer öfter wird heute Bambus verwendet. Das besondere an Bambus: Er wächst unglaublich schnell und kann auch viel CO_2 speichern.

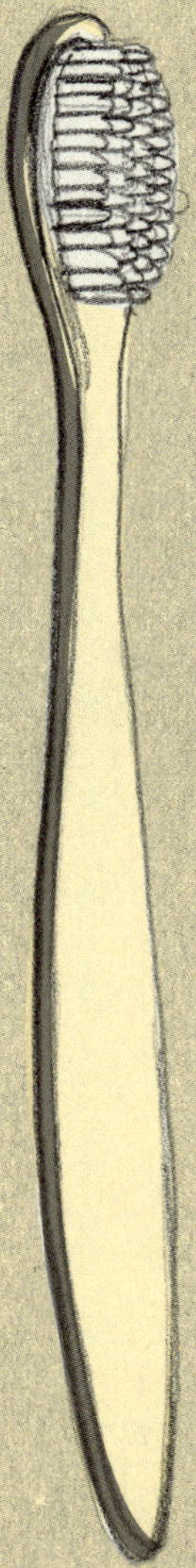

BAMBUS-Zahnbürsten

Bambus ist
auch das Lieblings-
essen von einem Tier.
Aber von welchem?
Willst du die richtige Antwort
herausfinden? Dann such im
Bambus-Wald die Buchstaben
und mal sie an …

BAMBUS:
> wächst jeden Tag 10 cm
kann >400 cm GROSS werden!

Damit ist Bambus viel umweltfreundlicher als andere Rohstoffe wie z.B. Ho Bambus wächst in einem Jahr über 3 Meter. Bis eine Tanne 3 Meter hoch ist muss man 14-15 Jahre warten – wie alt bist du dann? Das dauert ganz schön lange oder?

WIE GROSS BIST DU?

Ich bin schon 1,56 m!
Zum Glück wachse ich nicht
so schnell wie Bambus.

Lena: 156 cm

Du: __________ cm

Mama: ________ cm

Papa: ________ cm

KLAMOTTEN
EN
KLAMO
MOTTEN
KLAMOT

Aus welchem Material sind die meisten Klamotten, die wir tragen?

- [ ] Stroh
- [ ] Baumwolle
- [ ] Plastik

Die Hälfte unserer Textilien ist aus Baumwolle. Baumwolle wächst zum Beispiel in Pakistan, Indien und China.

Wie viele neue Klamotten bekommst du jedes Jahr? Viele kaufen ständig neue T-Shirts, Pullover oder Jeans. Deshalb muss immer mehr Baumwolle angepflanzt und geerntet werden. Die Menschen auf den Baumwollplantagen müssen die Felder mit Giften und künstlichem Dünger bespritzen, damit die Baumwolle möglichst schnell wächst. Oft sind die Menschen, die dort arbeiten, nicht ausreichend geschützt, die Gifte schaden ihrer Gesundheit. Die Gifte machen aber auch die Böden kaputt. Sie können dann zum Beispiel viel weniger Wasser speichern. Deshalb gibt es in diesen Ländern immer mehr Überschwemmungen.

Um ein T-Shirt oder eine Jeans zu produzieren, wird viel Wasser verbraucht: Wie viel Wasser wird benötigt, um ein T-Shirt herzustellen?

2.000 Liter Wasser

... damit könntest du 14 Badewannen füllen!

Wie gut kennst du deinen KLEIDERSCHRANK?

Weißt du, woher deine Klamotten kommen?

Schau auf den Etiketten nach und trag sie auf die Landkarte ein.

... und aus welchen Materialien bestehen sie?

Schau nochmals auf den Etiketten nach.

... hast du alle Beispiele auf den Etiketten verstanden? Wie oft war Polyester dabei? Das sind Kunstfasern. Viele Klamotten werden heute aus Kunstfasern hergestellt. Das Problem: Für die Herstellung werden Kohle, Erdöl und Erdgas benötigt.

Klamotten aus Kunstfasern verursachen außerdem Mikroplastik, also ganz kleine Plastikteile, die man kaum sieht. Wenn du z.B. ein T-Shirt aus Polyester in der Waschmaschine wäschst, dann lösen sich ganz kleine Fasern. Dieses Mikroplastik landet am Ende in der Natur und im Meer. Das schadet der Umwelt besonders, denn Plastik kann von der Natur nicht abgebaut werden. Mikroplastik wird zwar mit den Jahren zerkleinert, aber auch das kann über 100 Jahre dauern.
Was du dagegen tun kannst? Am besten kaufst du natürlich erst gar keine Klamotten aus Kunstfasern. Wenn du aber schon welche im Schrank hast, dann kannst du diese Klamotten in speziellen Waschbeuteln gegen Mikroplastik waschen. Die Klamotten steckst du einfach vor dem Waschen in diesen Beutel und der fängt dann die kleinen Plastikfasern auf, damit sie nicht im Wasser landen.

... hast du auf manchen Etiketten auch Modal oder Lyocell entdeckt?

Das sind natürliche Alternativen zu Polyester – es handelt sich um Holzfasern. Sie sind viel umweltschonender als Kunstfasern und sie trocknen auch sehr schnell und können auch viel besser die Temperaturen ausgleichen – in solchen Klamotten schwitzt du viel weniger schnell!

Wie gefällt dir meine
gelbe Regenjacke?
Ich könnte die fast immer tragen.
Ist doch schön so toll bunt!
Aber was mir noch viel mehr gefällt:
Ich habe sie gemeinsam mit Papa im
Second Hand-Laden entdeckt. Manchmal
überlege ich mir: Wer hat sie wohl
vor mir getragen? Wo überall auf der
Welt ist sie schon gewesen?
Und was hat sie alles erlebt, bevor
sie bei mir gelandet ist?

Eine Kapitänin auf Weltreise begleitet?

Auf Dschungel-Safari?

Von einer Prinzessin?

Von einem berühmten Schauspieler?

KLAMOTTEN mit Geschichten

Ja, die Idee mit der Weltreise gefällt mir am besten:
Vielleicht war mein Regenmantel schon auf der ganzen Welt. Wenn ich ihn anziehe, dann mache ich auch fast so etwas wie eine kleine Weltreise.

In Second Hand-Shops gibt es viele coole Klamotten.

Was würdest du gerne mal tragen?

Hier kannst Du Dich selbst zur Anziehpuppe machen.

Mal einfach dein Gesicht und deine Frisur hinein und schneide alles aus. Wenn du Lust hast, kannst du auch ein paar deiner Kleider zeichnen und mit Lena die Klamotten tauschen.

Warum ist Second Hand gut?

* Kleider wieder verwenden anstatt wegwerfen
* Nicht ständig neue Kleidung produzieren und um die halbe Welt transportieren
* Es werden weniger Rohstoffe benötigt

Wo gibt es den nächsten Second Hand-Laden bei dir in der Nähe?

Besuch ihn und schau dir die Klamotten an. Während du etwas suchst, das dir gefällt, kannst du dir überlegen:

* Welche Menschen haben diese Kleidung getragen?
* Wo leben sie?
* Wie leben sie?
* Wo haben sie das Kleidungsstück überall mitgenommen?
* Bei welchen besonderen Ereignissen haben sie es getragen?

UPCYCLING

Wohin mit Dingen, die du nicht mehr benötigst?

Du kannst sie upcyceln, so wird aus alten Dingen etwas ganz neues. Aber was kannst du aus den verschiedenen Dingen machen? Verbinde die richtigen Beispiele.

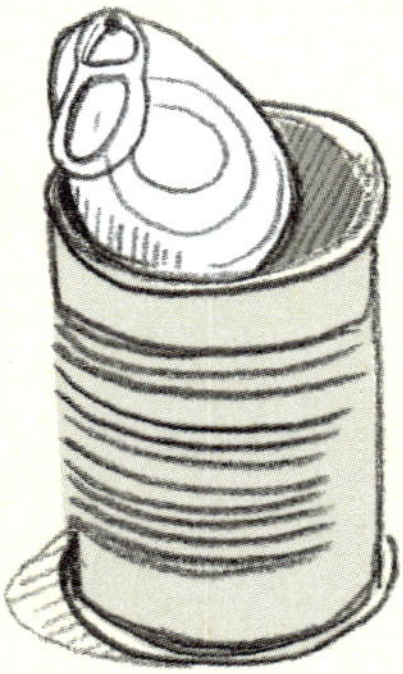

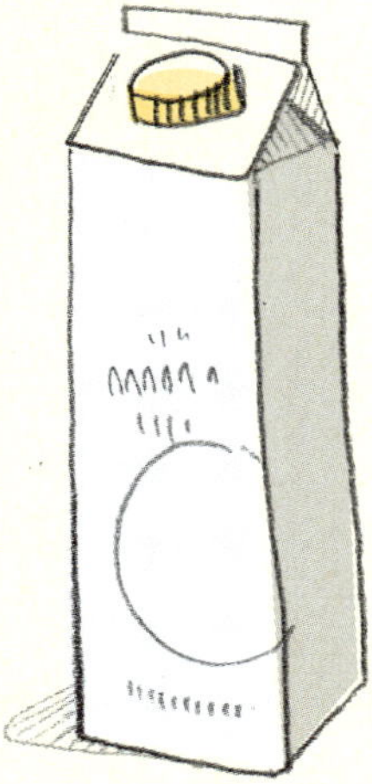

UPCYCLING-Superstar

als Vase verwenden

Geldbörse / Portemonnaie nähen

zur Laterne umfunktionieren

ins Brockenhaus / Trödler

als Blumentopf verwenden

eine Murmelbahn basteln*

nochmals verwenden

Eine Geldbörse aus Tetrapack,
eine Gummistiefel-Vase
oder einfach mehrere leere
Toilettenpapierrollen
zusammenstecken und als
Murmelbahn verwenden …

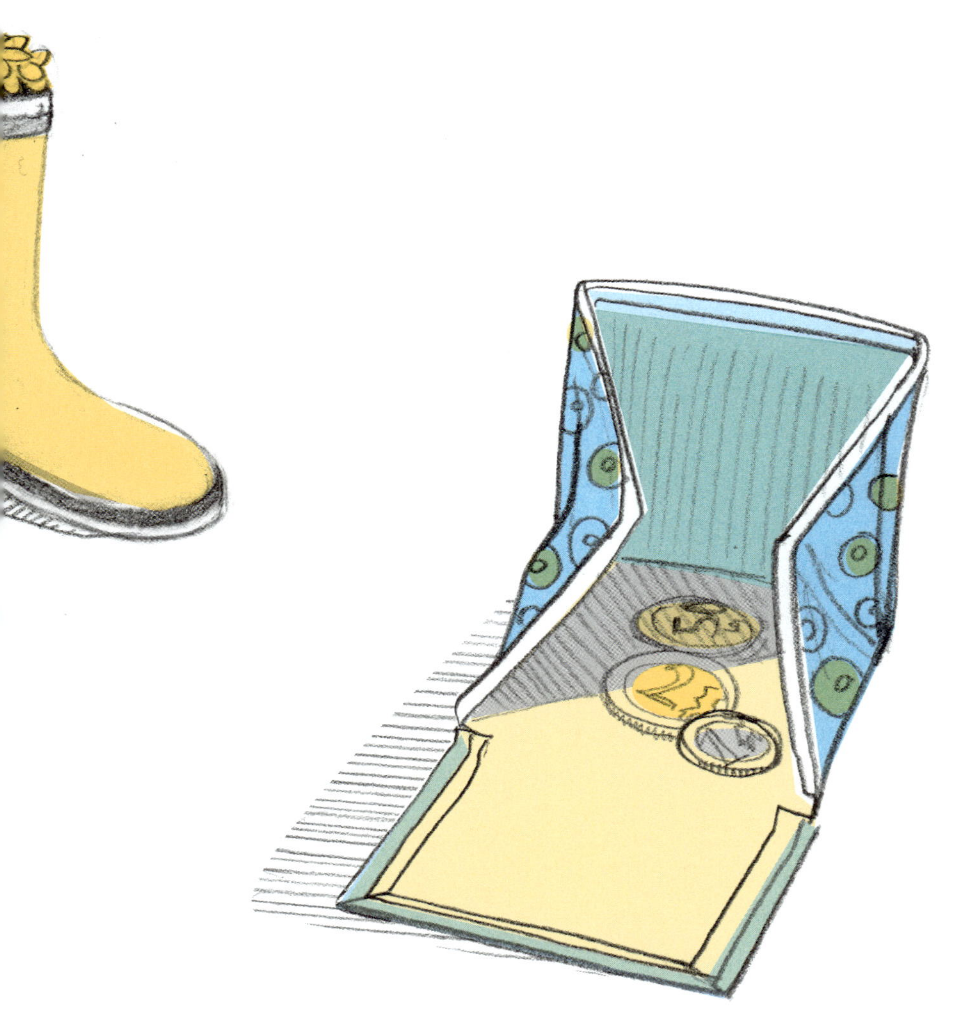

Upcyclen ist ganz einfach.

Und wenn du etwas neues aus etwas altem machst, musst du es nicht wegwerfen – auch damit verringerst du Müll! Vielleicht magst du auch etwas, das du gebastelt hast, jemandem schenken?

SCHULE
SCHULE

Wie wichtig ist die Umwelt für deine Schulklasse und deine Schule?

Wir haben schon viele Projekte gestartet. Ich konnte meine Freundinnen und Freunde motivieren, dass sie ihr Pausenbrot nur noch in Bienenwachstuch einpacken – und auf Alu- und Plastikfolie verzichten.

Was gibt es an eurer Schule?

- [ ] Schulgarten
- [ ] Umwelt-AG
- [ ] Abfallbehälter, um den Müll zu trennen
- [ ] Kompost
- [ ] Insekten-Hotel
- [ ] Ein Projekt-Tag oder eine Projekt-Woche für die Umwelt
- [ ] Fleischlose Gerichte in der Kantine
- [ ] Tauschbörse (für Klamotten, Spielzeug, Bücher …)
- [ ] Fahrgemeinschaften
- [ ] Plakat mit Umwelt-Ideenliste im Klassenzimmer

Wie umweltfreundlich ist eure Schule?

Zählt alle Beispiele, die ihr angekreuzt habt, zusammen und findet es heraus:

Weniger als 2 Beispiele:

Ihr könnt viel mehr machen! Ihr könnt euch ja gegenseitig Komplimente machen, wenn sich jemand für die Umwelt einsetzt oder einander Ideen zeigen, wie leicht es ist, das Klima zu schützen. Vielleicht setzt ihr gleich eine oder zwei Ideen aus der Liste oben um?

Mehr als 2 Beispiele:

Das Thema Umwelt ist euch nicht egal. Falls ihr keine Umwelt-AG habt, kannst du andere Kinder fragen, ob sie mit dir eine gründen. Ihr könnt euch auch eine Aktion für einen Umwelt-Projekttag überlegen (z.B. den Stadtpark vom Müll befreien). Vielleicht kann deine Schulklasse andere Schulklassen ermuntern, mehr zu tun: Ihr könnt einen Wettbewerb für die ganze Schule starten: Jede Klasse überlegt sich eine Umweltschutz-Idee – die originellste Idee gewinnt.

Mehr als 4 Beispiele:

Ihr setzt euch schon ziemlich engagiert für die Umwelt ein – super! Vielleicht könnt ihr jetzt auch andere Menschen in eurem Dorf oder in eurer Stadt motivieren. Ihr könnt mit Plakaten andere darauf aufmerksam machen. Vielleicht habt ihr auch Lust, an eurer Schule eine Veranstaltung oder eine Standaktion durchzuführen und viele einzuladen … Lena und ihre Freunde haben zum Beispiel Gemüse und Obst gerettet, das niemand geerntet hat, und eine Aktion gegen die Verschwendung von Lebensmitteln gestartet.

Motiviere andere, sich für die UMWELT einzusetzen

Füll den Brief aus – du kannst ihn deiner Lehrerin oder deinem Lehrer ins Fach legen.

Wir wollen etwas für die Umwelt tun!

Das wünsche ich mir/das wünschen wir uns für unsere Schule:

Das möchte ich/möchten wir dafür tun:

Können Sie uns helfen?

Liebe Grüße von:

LEBENSMITTEL

LEBENS-
MITTEL

MITTEL

Hast du dich auch schon mal gefragt, warum auf allen Lebensmitteln ein Datum abgedruckt ist?

Das Mindesthaltbarkeitsdatum erklärt, wie lange die Lebensmittel genießbar sind. Viele haben Angst vor diesem Datum. Wenn das Datum vorbei ist, werfen sie die Lebensmittel weg. Sie denken: Das ist jetzt giftig. Doch das ist meistens völlig übertrieben! Eigentlich könnte man dieses Datum auch weglassen. Denn wenn die Lebensmittel gut verpackt und richtig gelagert werden, sind sie noch viel länger genießbar. Schau die Lebensmittel genau an und riech daran, dann erkennst du selber, ob du etwas noch essen oder trinken kannst. Weißt du, wie lange, was haltbar ist?

Wie lange ist was HALTBAR?

Ordne die richtige Zeit dem richtigen Beispiel zu!

Vollkornbrot
Weißbrot
Fisch
Marmelade (geöffnetes Glas, im Kühlschrank
Nudeln
Tee
Salz
Zucker
Honig
Kartoffeln

1-3 Tage

1-2 Tage

ca. 1 Woche

ca. 3 Tage

unbeschränkt

mehrere Wochen (nur wenn dunkel gelagert)

jahrelang

unbeschränkt

ein paar Monate

bis zu zwei Jahren

So viele Lebensmittel landen jeden Tag im Müll – was für eine Verschwendung. Und das tut auch unserem Klima nicht gut. Dabei könnte so etwas ganz einfach vermieden werden.

Achtet schon beim Einkaufen darauf, wie lange die Lebensmittel haltbar sind. Dann wisst ihr eher, wie schnell ihr sie verwenden müsst – oder könnt euch für Lebensmittel entscheiden, die länger haltbar sind!

Auch wenn du weniger oder gar keine Lebensmittel wegwirfst, leistest du einen wichtigen Beitrag für die Umwelt.

Kühlschrank-PROFI

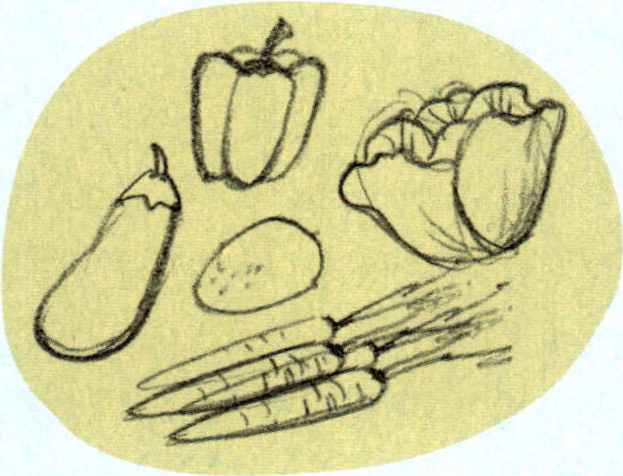

MILCH

Wo hält sich der Salat im Kühlschrank am liebsten auf? Und an welchem Platz werden Äpfel nervös?

Ja, es macht einen Unterschied, wo was gelagert wird: Wenn du die Lebensmittel im Kühlschrank richtig platziert, bleiben sie länger haltbar.

Schneide alle Beispiele aus und klebe sie an den richtigen Platz im Kühlschrank.

Äpfel sind Einzelgänger.

Deshalb platziere sie nicht neben anderen Früchten. Denn diese sorgen dafür, dass Äpfel schneller ihr Vitamin C verlieren. Am besten Lebensmittel immer gut verpackt lagern. Und wenn du gekochte Speisen vollkommen abkühlen lässt, bevor du sie in den Kühlschrank stellst, kannst du viel Energie sparen.

MILCH

Was hast du diese Woche gegessen – zuhause, in der Schule und unterwegs?

Schreibe auf:

Cheeseburger oder Gemüse-Burger – worauf hast du Lust?

Lust auf Cheeseburger …

Cheeseburger schmecken lecker! Doch die Produktion von Fleisch verschlingt total viel Wasser: die Kuh trinkt Wasser, sie frisst eine Menge Futter (das muss beim Anbau bewässert werden) und dann müssen auch noch die Ställe mit Wasser gereinigt werden. Pro Kilogramm Rindfleisch sind das total über 15 000 Liter. Übrigens: Auch das Fleisch von anderen Tieren verbraucht viel Wasser, aber wenigstens ein bisschen weniger: Für ein Kilogramm Schweinefleisch sind es „nur“ 6000 Liter und für 1 Kilogramm Hühnerfleisch 4300 Liter. Dazu kommt: Da die Menschen so viel Fleisch essen, gibt es Millionen Kühe, Schweinen und Hühner auf der Welt – und diese verursachen auch CO_2.

... oder Gemüse-Burger?

Wenn du einen Burger ohne Fleisch isst, kann eine Menge Wasser eingespart werden: Für einen Burger mit Hülsenfrüchten, wie zum Beispiel Linsen, Erbsen oder Sojabohnen, werden ca. 4100 Liter pro Kilogramm benötigt, bei Getreide ca. 1600 Liter. Und für Gemüse? Gerade mal 322 Liter Wasser je Kilogramm! Deshalb entscheiden sich immer mehr Menschen, weniger oder gar kein Fleisch mehr zu essen. Wie oft kommt bei euch zuhause Fleisch auf den Teller? Versucht mal, einen Monat konsequent auf Fleisch zu verzichten.

Jeder Mensch in Deutschland beansprucht über 2.000 m² Ackerfläche für sein Essen – das ist die Fläche etwa eines halben Fußballfeldes oder auch von ungefähr 33 Klassenzimmern. Darauf werden angebaut: Getreide, Obst und Gemüse. Aber auch Tierfutter wird auf dieser Fläche angebaut – und das benötigt davon am meisten Platz.

Das Problem: Wir werden immer mehr Menschen. Wir müssen uns den Platz auf unserer Welt also mit immer mehr Menschen teilen – und die Welt bleibt immer gleich groß. Wer weniger oder kein Fleisch isst, beansprucht viel weniger Platz. Und zwar nur ungefähr 1.000 m², also halb so viel Ackerfläche.

Und es ist sowieso auch gesünder, weniger Fleisch zu essen …

Wie viel PLATZ braucht dein ESSEN?

Trage deinen Wohnort in die Karte ein und verbinde dann die Fund-Orte jeweils damit.

Supermarkt-
Detektive:
Versucht bei einem Einkauf
bei jedem Produkt herauszufinden, woher es kommt. Erst nachdem jeder von euch geraten hat, schaut ihr auf der Verpackung nach, ob es jemand herausgefunden hat!

Egal ob Tomaten, Erdbeeren oder Spargel – heute kannst du im Supermarkt fast jedes Gemüse und jede Frucht das ganze Jahr über kaufen. Doch im Dezember kann man bei uns keine Tomaten ernten, sie stammen meistens aus Gewächshäusern oder werden aus Südeuropa angeliefert. Wir ernähren uns saisonal. Ist viel umweltfreundlicher. Weißt du, wann was geerntet werden kann?

TOMATEN mögen keinen Schnee

Schreib die Gemüsesorten in den Jahreskreis.

Auberginen, Blumenkohl, Bohnen, Brokkoli, Champignons, Erbsen, Fenchel, Salatgurke, Grünkohl, Kartoffel, Kohlrabi, Kürbis, Lauch, Mais, Karotten, Paprika, Radieschen, Rosenkohl, Spargel, Spinat, Tomaten, Zucchini, Zwiebeln

WINTER
DEZEMBER
JANUAR
FEBRUAR
MÄRZ
APRIL
MAI
JUNI
JULI
AUGUST
SEPTEMBER
OKTOBER
NOVEMBER
HERBST
SOMMER
Karott
Rosenkohl
Kürbis
Zwiebeln
Brokkoli
Mais
Fenchel
Paprika
Spinat
Kohlrabi
Spargel
Erbsen
Radieschen
Bohnen
Blumenkohl

Keine Angst vor dem unperfekten Gemüse!

Eine krumme Möhre oder eine eckige Aubergine? Im Supermarkt sehen Obst und Gemüse fast immer perfekt aus. Möhren, Äpfel oder Salate, die nicht perfekt aussehen, werden nach der Ernte vernichtet. Eine riesige Lebensmittelverschwendung! Denn auch Gemüse, das nicht „perfekt" aussieht, schmeckt lecker.
Und eigentlich ist krummes Gemüse viel spannender: Du kannst dir zu jedem Gemüse und zu jeder Frucht, die außergewöhnlich sind, eine witzige Geschichte ausdenken. Warum sind sie so, wie sie sind?

Bei der Ernte helfen

Mach einen Spaziergang durch dein Dorf, deine Stadt: Siehst du irgendwo einen Garten, in dem das Obst und das Gemüse nicht geerntet wurde? Im Sommer und Herbst verfaulen eine Menge Äpfel, Birnen und Beeren, weil niemand sie erntet. Frage bei den Besitzern nach, ob du für sie ernten darfst oder ihnen bei der Ernte helfen sollst.

Die weite Reise der BANANE

Wie läuft die Reise ab? Verbinde die verschiedenen Stationen mit einer Linie, so dass die Reihenfolge stimmt

Die Banane wird geerntet, lange bevor sie reif ist.

Die Bananen fahren im Kühlcontainer mit dem Frachtschiff über den Ozean.

Endlich kommen sie in Antwerpen (Belgien) an – runter vom Schiff!

Jamm, jamm, jetzt wird die Banane gegessen … das dauert nicht einmal ein paar Minuten!

Die Banane kann im Supermarkt gekauft werden.

Die Banane wächst auf der Plantage.

Endlich im Supermarkt! Die Reise hat 30 Tage gedauert.

Jetzt bleiben die Bananen vier bis acht Tage in Reifezellen: Die grünen Früchte werden endlich gelb.

Schnell auf den Bauernmarkt …

Dort werden viele regionale Lebensmittel verkauft. Doch was ist dort alles erhältlich? Und was möchtest du unbedingt kaufen? Kreuze deine Lieblingsspeisen und -getränke an!

Wenn du bei einem Hofladen oder auf dem Bauernmarkt einkaufst, kannst du die Bäuerinnen und Bauern unterstützen. Vielleicht lernst du auch gleich die Personen kennen, die deine Lebensmittel geerntet oder hergestellt haben. Das Beste: Die Lebensmittel müssen nicht lange reisen, bis sie in deiner Küche sind.

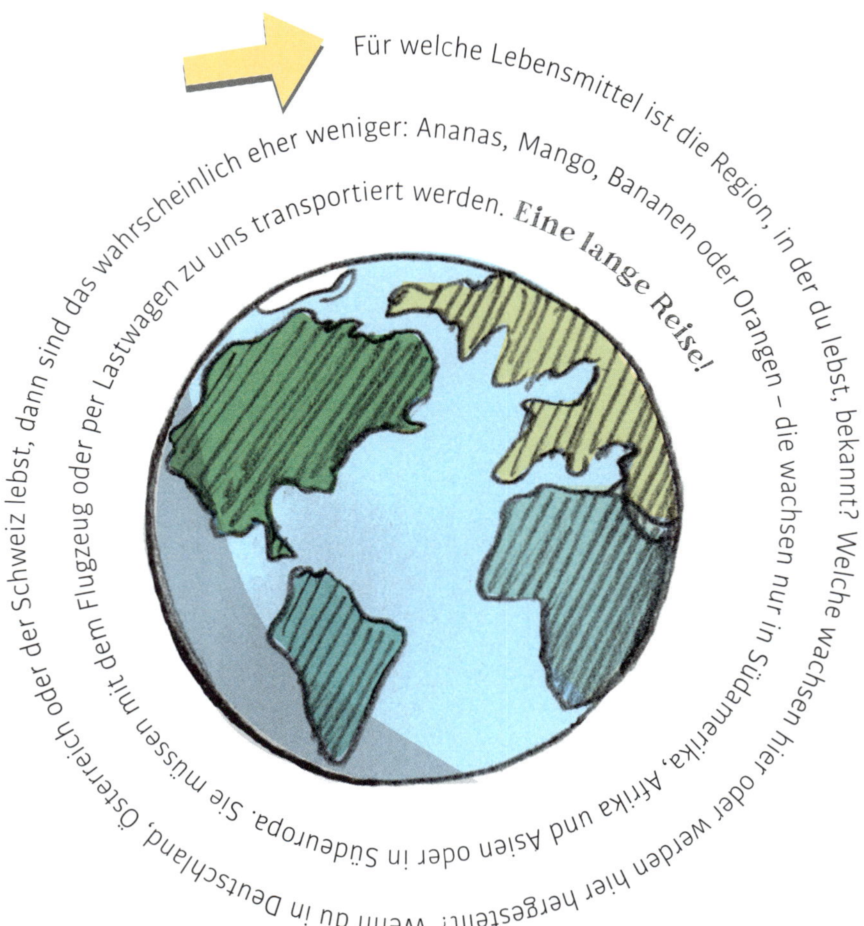

Für welche Lebensmittel ist die Region, in der du lebst, bekannt? Welche wachsen hier oder werden hier hergestellt? Wenn du in Deutschland, Österreich oder der Schweiz lebst, dann sind das wahrscheinlich eher weniger: Ananas, Mango, Bananen oder Orangen – die wachsen nur in Südamerika, Afrika und Asien oder in Südeuropa. Sie müssen mit dem Flugzeug oder per Lastwagen zu uns transportiert werden. **Eine lange Reise!**

Welche Schuhgröße hast du? Wie groß sind deine Füße? Wenn du barfuß im Sand oder im Schnee spazieren gehst, hinterlässt du Fußspuren. Doch wir Menschen hinterlassen auch so etwas wie einen „Fußabdruck“ beim Klima: Alles, was wir tun, hat Einfluss auf das Klima und hinterlässt Spuren in der Welt. Diese Spuren werden „ökologischer Fußabdruck“ genannt. Wer sich gar nicht um das Klima kümmert, ständig Auto fährt, den Müll nicht trennt, sehr oft mit dem Flugzeug um die ganze Welt fliegt … hinterlässt einen riesigen ökologischen Fußabdruck – so groß wie der Fuß von einem Elefanten. Wer etwas für die Natur tut und verantwortungsvoll mit ihr umgeht, hinterlässt nur einen kleinen ökologischen Fußabdruck.

Möchtest du herausfinden, wie sehr du die Umwelt belastest? Das kannst du mit dem «ökologischen Fußabdruck» ausrechnen:

www.kindermuseum.at/fussabdruck

Wie groß ist dein ökologischer Fußabdruck?

Von welcher WELT träumst du?

Ich träume von einer Welt ohne Plastik und anderen Müll in der Natur: Die Meere sind total sauber, sodass die Fische und Wale vergnügt darin herumschwimmen können. Auf der Straße können die Menschen picknicken, weil nur noch Fahrräder unterwegs sind. Und vor jedem Haus ein riesiger Blumengarten! Der Müll wird nur noch alle drei Wochen abgeholt, weil wir fast keinen Abfall mehr produzieren. Und im Fernsehen läuft eine coole Castingshow: Wer ist der beste Upcycler? Von welcher Welt träumst du? Wenn wir alle einen Traum haben und uns gegenseitig davon erzählen, können wir einander motivieren, mehr für die Umwelt zu tun.

Zeichne oder schreibe in den Bilderrahmen, von welcher Welt du träumst!

Von LENA noch erschienen:

Band 1

KEIN PLASTIK FÜR DEN WAL

Lena kauft unverpackt

Plastiksäcke, Schuhe, Verpackungsmaterialien: 86 Millionen Tonnen Plastik schwimmt in unseren Meeren – und täglich kommt noch mehr dazu. 626 Kilogramm Abfall produziert jeder Mensch in Deutschland pro Jahr.
Das Buch zeigt in Form einer witzigen Geschichte, was passiert, wenn eine Familie beginnt, auf Plastik zu verzichten.

ISBN 978-3-96157-092-8, gebunden, 128 Seiten

Band 2

KEIN ESSEN IN DEN MÜLL

Lena rettet das krumme Gemüse

Auf einem Bauernhof entdecken Lena und ihre Klasse einen Eimer mit merkwürdigem Inhalt: Krumme Möhren und Gurken, Kartoffeln in Herzform und winzige Äpfel. Alle amüsieren sich. Doch dann erfahren sie, wie viel Obst und Gemüse weggeschmissen wird, weil es nicht perfekt ist. Alle sind fassungslos: Sie müssen etwas gegen Foodwaste unternehmen!

ISBN 978-3-96157-136-9, gebunden, 128 Seiten

Band 3

KEIN SCHMUTZ IN DER LUFT

Lena reist umweltfreundlich

Endlich Ferien: Mit dem Nachtzug fahren Lena und ihre Familie in ein Camping-Abenteuer am Bodensee. Sie wollen im Zelt, direkt am See übernachten. Zelten ist doch viel spannender und umweltfreundlicher! Das Buch zeigt, dass auch Urlaub in Deutschland spannend ist und wie es gelingen kann, umweltfreundlich Ferien zu machen.

ISBN 978-3-96157-137-6, gebunden, 128 Seiten

DIE GROSSE ADVENTS-AKTION

Lenas nachhaltiger Adventskalender

Noch 24 Tage bis Weihnachten! Plätzchen backen, der Besuch vom Nikolaus, die Wohnung weihnachtlich schmücken – für Lena die schönste Zeit des Jahres. Spielerisch zeigen Lena und ihre Freunde in diesem Adventskalender, wie man die Advents- und Weihnachtszeit ganz ohne Müll und Wegwerf-Geschenke nachhaltig feiern kann. Mit vielen Ideen zum Mitmachen, Basteln und Dekorieren.

ISBN 978-3-96157-135-2, gebunden, 96 Seiten

Autor

Stephan Sigg, geb. 1983, ist in Rheineck – fast direkt am Bodensee – aufgewachsen und lebt heute in St.Gallen (Schweiz). Er ist Theologe, Journalist und Autor. Er schreibt Bücher für Kinder, Jugendliche und Erwachsene. Er hält oft Lesungen aus seinen Büchern an Schulen im ganzen deutschsprachigen Raum.
Mit seiner Kinderbuchreihe rund um Lena will er Kindern zeigen, dass es ganz einfach ist, etwas für die Umwelt zu tun.

www.stephansigg.com